AF206754

Impressum
Verlag: BABADADA GmbH, Nedderfeld 112 , 22529 Hamburg
Geschäftsführer / Verlagsleitung: Harald Hof
Druck: Books on Demand GmbH, In de Tarpen 42, 22848 Norderstedt

Imprint
Publisher: BABADADA GmbH, Nedderfeld 112 , 22529 Hamburg, Germany
Managing Director / Publishing direction: Harald Hof
Print: Books on Demand GmbH, In de Tarpen 42, 22848 Norderstedt

בית ספר

kool

כיתה
klassiruum
חילק
jagama
186/2
koolihoov
לוח
tahvel
מורה
õpetaja
נייר
paber
כתב
kirjutama
עט
pastapliiats
שולחן עבודה
kirjutuslaud
סרגל
joonlaud
ספר
raamat
תלמיד
õpilane

ילקוט

koolikott

קלמר

pinal

עיפרון

harilik pliiats

מחדד

pliiatsiteritaja

גומי מחיקה

kustukumm

חוברת סרטוט

joonistusplokk

סרטוט

joonistus

מברשת

pintsel

קופסת צבעים

värvikarp

מספריים

käärid

דבק

liim

ספר תרגול

töövihik

שיעור בית

kodutöö

12

מספר

number

2+2

חיבר

liitma

5-2

חיסר

lahutama

2×2

הכפיל

korrutama

חישב

arvutama

A

אות

täht

ABCDEFG HIJKLMN OPQRSTU VWXYZ

אלפבית

tähestik

hello

מילה

sõna

טקסט	קרא	גיר
tekst	lugema	kriit
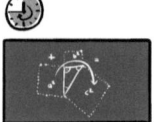		
שיעור	יומן נוכחות	מבחן
koolitund	klassipäevik	eksam

תעודה	תלבושת בית ספר	חינוך
tunnistus	koolivorm	haridus
		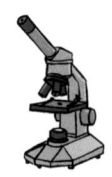
אנציקלופדיה	אוניברסיטה	מיקרוסקופ
entsüklopeedia	ülikool	mikroskoop
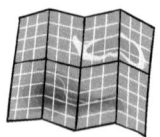		
מפה	סל נייר	
kaart	paberikorv	

מלון
hotell
הוסטל
hostel
המרת מטבע
valuutavahetuspunkt
מזוודה
kohver
אוטו
auto

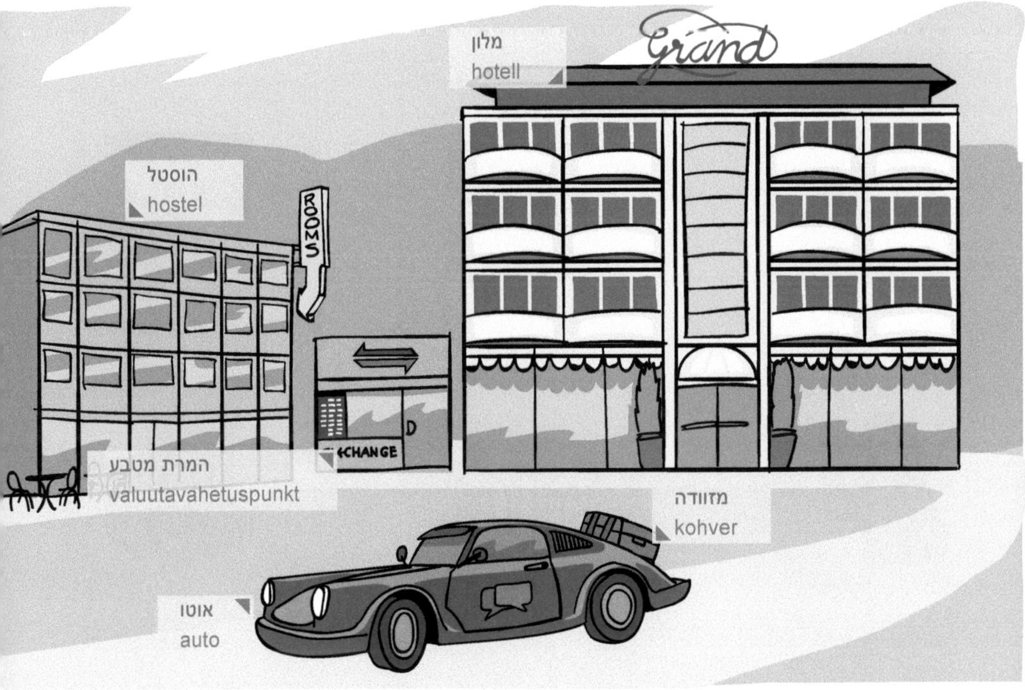

שפה

keel

כן / לא

jah / ei

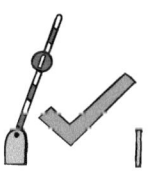

בסדר

okei

שלום

Tere!

מתרגם

tõlk

תודה

Aitäh!

כמה עולה.....?

Kui palju maksab …?

אני לא מבין

Ma ei saa aru

בעיה

probleem

ערב טוב!

Tere õhtust!

בוקר טוב!

Tere hommikust!

לילה טוב!

Head ööd!

להתראות

Head aega!

כיוון

suund

כבודה

pagas

תיק

kott

תרמיל גב

seljakott

אורח

külaline

חדר

tuba

שק שינה

magamiskott

אוהל

telk

מרכז מידע לתיירים

turismiinfo

חוף ים

rand

כרטיס אשראי

krediitkaart

ארוחת בוקר

hommikusöök

ארוחת צהריים

lõunasöök

ארוחת ערב

õhtusöök

כרטיס

pilet

מעלית

lift

בול

postmark

גבול

riigipiir

מכס

toll

שגרירות

saatkond

אשרה

viisa

דרכון

pass

תחבורה
transport

מטוס
lennuk
אונייה
laev
כבאית
tuletõrjeauto
אוטובוס
buss
משאית
veoauto
סירת מנוע
mootorpaat
אופניים
jalgratas
אוטו
auto

מעבורת

praam

סירה

paat

אופנוע

mootorratas

ניידת משטרה

politseiauto

מכונית מרוץ

võidusõiduauto

רכב שכור

rendiauto

מכוניות בשיתוף

ühisauto

אוטו גרר

puksiirauto

משאית זבל

prügiauto

מנוע

mootor

דלק

kütus

תחנת דלק

tankla

תמרור

liiklusmärk

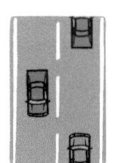

תנועה

liiklus

פקק תנועה

liiklusummik

חניה

parkla

תחנת רכבת

raudteejaam

פסי רכבת

rööpad

רכבת

rong

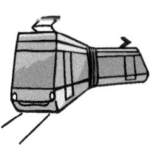

רכבת קלה

tramm

קרון

vagun

מסוק

helikopter

שדה-תעופה

lennujaam

מגדל

torn

נוסע

reisija

קונטיינר

konteiner

קרטון

pappkast

עגלה

käru

סל

korv

המראה / נחיתה

õhku tõusma / maanduma

עיר

linn

כפר

küla

מרכז העיר

kesklinn

בית

maja

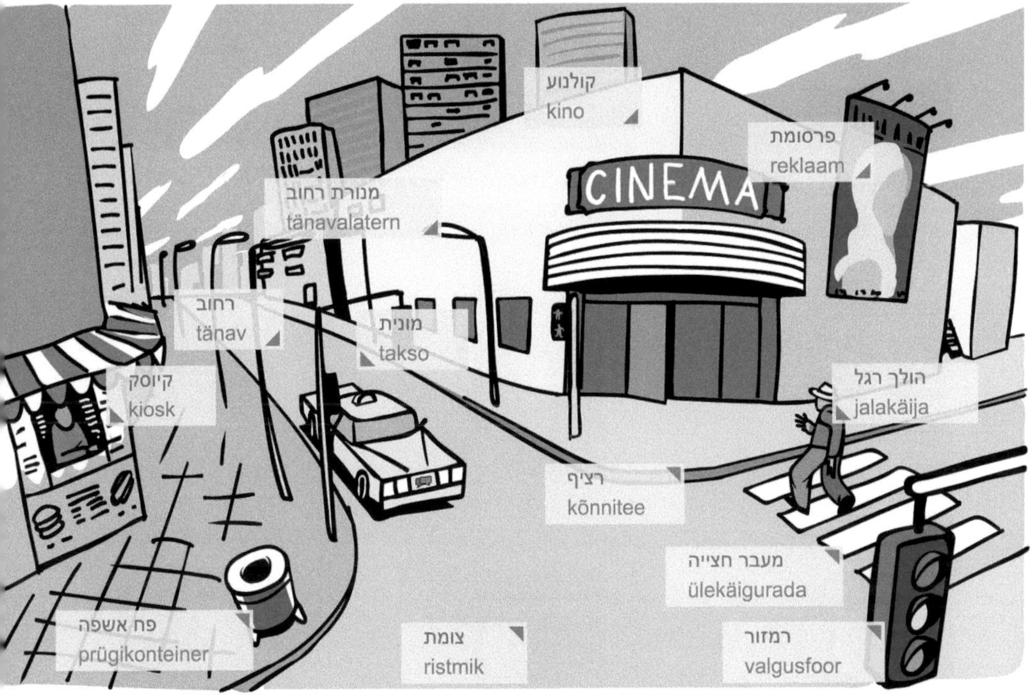

קולנוע
kino

פרסומת
reklaam

מנורת רחוב
tänavalatern

רחוב
tänav

מונית
takso

הולך רגל
jalakäija

קיוסק
kiosk

רציף
kõnnitee

מעבר חצייה
ülekäigurada

פח אשפה
prügikonteiner

צומת
ristmik

רמזור
valgusfoor

CINEMA

בקתה
osmik

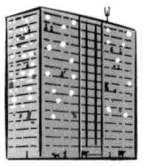

דירה
kortermaja

תחנת רכבת
raudteejaam

עירייה
raekoda

מוזיאון
muuseum

בית ספר
kool

אוניברסיטה

ülikool

בנק

pank

בית חולים

haigla

מלון

hotell

בית מרקחת

apteek

משרד

kontor

חנות ספרים

raamatupood

חנות

kauplus

חנות פרחים

lillepood

סופרמרקט

supermarket

שוק

turg

כל-בו

kaubamaja

מוכר דגים

kalapood

קניון

kaubanduskeskus

נמל

sadam

פארק
park

ספסל
pink

גשר
sild

מדרגות
trepp

רכבת תחתית
metroo

מנהרה
tunnel

תחנת אוטובוס
bussipeatus

בר
baar

מסעדה
restoran

תא דואר
postkast

שלט רחוב
tänavasilt

מדחן
parkimisautomaat

גן חיות
loomaaed

בריכת שחיה
ujula

מסגד
mošee

חווה

talu

זיהום

reostus

בית עלמין

surnuaed

כנסייה

kirik

מגרש משחקים

mänguväljak

בית מקדש

tempel

נוף

maastik

עלה
leht

תמרור
teeviit

דרך
tee

מרטה
aas

אבן
kivi

עץ
puu

מטייל
matkaja

נהר
jõgi

דשא
rohi

פרח
lill

בקעה
org

הר
mägi

אגם
järv

יער
mets

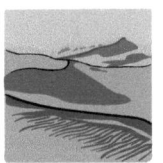

מדבר
kõrb

הר געש
vulkaan

טירה
linnus

קשת בענן
vikerkaar

פטריה
seen

דקל
palm

יתוש
sääsk

זבוב
kärbes

נמלה
sipelgas

דבורה
mesilane

עכביש
ämblik

חיפושית

mardikas

צפרדע

konn

סנאי

orav

קיפוד

siil

ארנב

jänes

ינשוף

öökull

ציפור

lind

ברבור

luik

חזיר בר

metssiga

צבי

hirv

אייל הקורא

põder

סכר

pais

טורבינת רוח

tuuleturbiin

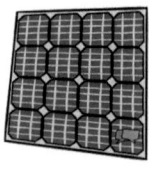

פנל סולארי

päikesepaneel

אקלים

kliima

מסעדה

restoran

מלצר
kelner
תפריט
menüü
כסא
tool
מרק
supp
פיצה
pitsa
סכו"ם
söögiriistad
מפת שולחן
laudlina

מנת פתיחה

eelroog

מנה עיקרית

pearoog

קינוח

magustoit

שתיות

joogid

אוכל

toit

בקבוק

pudel

מזון מהיר

kiirtoit

אוכל רחוב

tänavatoit

קנקן תה

teekann

מסכרת

suhkrutoos

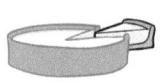

מנה

portsjon

מכונת אספרסו

espressomasin

כסא תינוק

lastetool

חשבון

arve

מגש

kandik

סכין

nuga

מזלג

kahvel

כף

lusikas

כפית

teelusikas

מפית

salvrätik

כוס

klaas

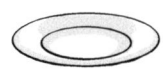

צלחת

taldrik

קערת מרק

supitaldrik

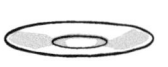

תחתית

alustass

רוטב

kaste

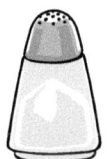

מלחייה

soolatoos

מטחנת פלפל

pipraveski

חומץ

äädikas

שמן

õli

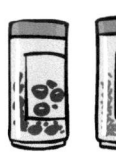

תבלינים

vürtsid

קטשופ

ketšup

חרדל

sinep

מיונז

majonees

סופרמרקט

supermarket

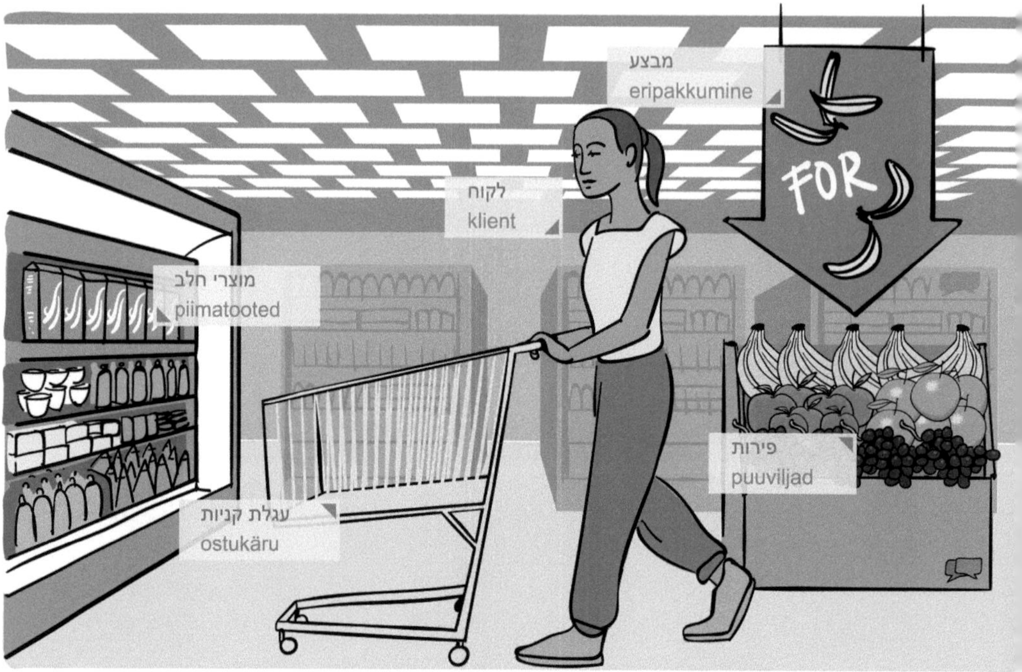

מבצע
eripakkumine
FOR
לקוח
klient
מוצרי חלב
piimatooted
פירות
puuviljad
עגלת קניות
ostukäru

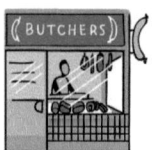

BUTCHERS

אטליז

lihapood

BAKERY

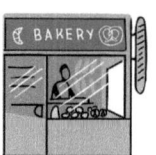

מאפייה

pagariäri

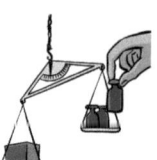

שקל

kaaluma

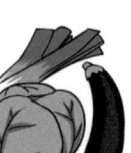

ירקות

köögiviljad

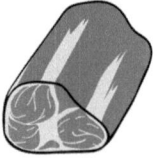

בשר

liha

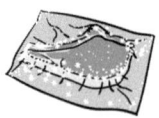

מזון קפוא

külmutatud toit

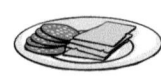

בשר קר
lihalõigud

שימורים
konservid

אבקת כביסה
pesupulber

ממתקים
maiustused

מוצרי בית
majatarbed

חומר ניקוי
puhastustooted

מוכרת
müüja

קופה
kassaaparaat

קופאי
kassapidaja

רשימת קניות
ostunimekiri

שעות פתיחה
lahtiolekuajad

ארנק
rahakott

כרטיס אשראי
krediitkaart

תיק
kott

שקית נילון
kilekott

שתיות
joogid

מים

vesi

מיץ

mahl

חלב

piim

קולה

koola

יין

vein

בירה

õlu

אלכוהול

alkohol

קקאו

kakao

תה

tee

קפה

kohv

אספרסו

espresso

קפוצ'ינו

cappuccino

אוכל
toit

בננה

banaan

תפוח

õun

תפוז

apelsin

אבטיח

arbuus

לימון

sidrun

גזר

porgand

שום

küüslauk

במבוק

bambus

בצל

sibul

פטריות

seen

אגוזים

pähklid

אטריות

nuudlid

ספגטי

spagetid

אורז

riis

סלט

salat

צ'יפס

friikartulid

צ'יפס

praekartulid

פיצה

pitsa

המבורגר

hamburger

כריך

võileib

שניצל

šnitsel

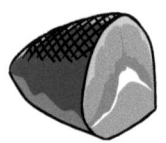

שינקין

sink

סלאמי

salaami

נקניקיה

vorst

עוף

kana

טיגון

praeliha

דג

kala

שיבולת שועל

kaerahelbed

מוזלי

müsli

קורנפלקס

maisihelbed

קמח

jahu

קרואסון

sarvesai

לחמנייה

kukkel

לחם

leib

טוסט

röstsai

עוגיות

küpsised

חמאה

või

גבינה לבנה

kohupiim

עוגה

kook

ביצה

muna

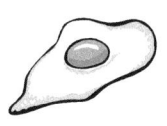

ביצת עין

praemuna

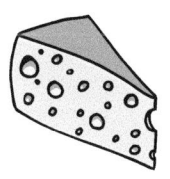

גבינה

juust

גלידה

jäätis

סוכר

suhkur

דבש

mesi

ריבה

moos

ממרח נוגט

pähklivõie

קארי

karri

חווה
talu

talumaja
אסם
laut
חבילת שחת
heinapall
שדה
põld
סוס
hobune
עגלת נגרר
järelkäru
טרקטור
traktor
סייח
varss
חמור
eesel
כבש
lammas
טלה
lambatall

עז
kits

פרה
lehm

עגל
vasikas

חזיר
siga

חזרזיר
põrsas

שור
pull

אווז

hani

ברווז

part

אפרוח

tibu

תרנגולת

kana

תרנגול

kukk

חולדה

rott

חתול

kass

עכבר

hiir

שור

härg

כלב

koer

מלונה

koerakuut

צינור השקיה

aiavoolik

קנקן מים

kastekann

חרמש

vikat

מחרשה

ader

מגל'

sirp

מגרפה

kõblas

קל'שון

hang

גרזן

kirves

מריצה

käru

שוקת

küna

כד חלב

piimanõu

שק

kott

גדר

tara

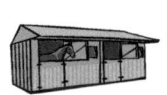

אורווה

tall

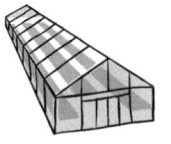

חממה

kasvuhoone

אדמה

muld

זרע

seeme

דשן

väetis

מקצרה

kombain

קצר

saaki koristama

קציר

saagikoristus

בטטה אפריקנית

jamss

חיטה

nisu

סויה

soja

תפוח אדמה

kartul

תירס

mais

קנולה

raps

עץ פירות

viljapuu

קסבה

maniokk

דגנים

teravili

בית

maja

ארובה
korsten
גג
katus
מרזב
vihmaveetoru
חלון
aken
מוסך
garaaž
פעמון
uksekell
דלת
uks
פח אשפה
prügikast
תיבת מכתבים
postkast
גינה
aed

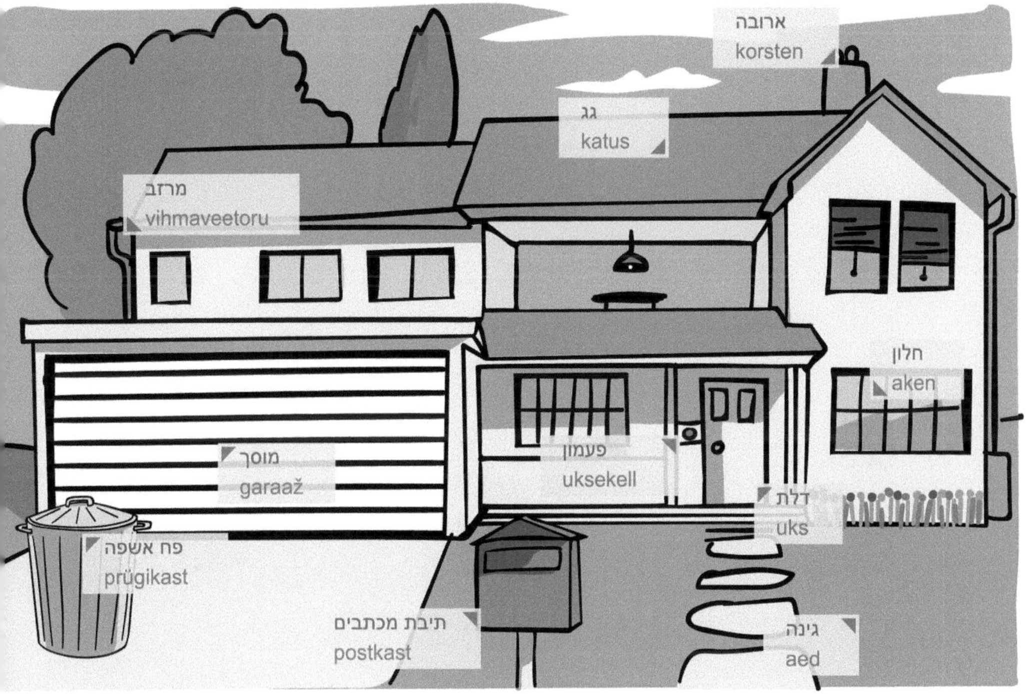

סלון
elutuba

חדר אמבטיה
vannituba

מטבח
köök

חדר שינה
magamistuba

חדר ילדים
lastetuba

חדר אוכל
söögituba

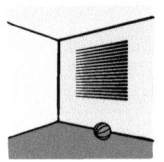

רצפה

põrand

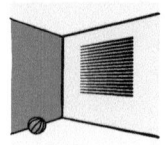

קיר

sein

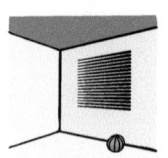

תקרה

lagi

מרתף

kelder

סאונה

saun

מרפסת

rõdu

מרפסת

terrass

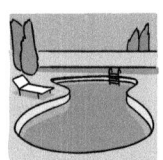

בריכה

bassein

מכסחת דשא

muruniiduk

סדין

voodilina

כיסוי מיטה

päevatekk

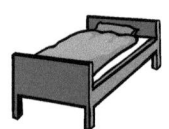

מיטה

voodi

מטאטא

luud

דלי

ämber

מפסק

lüliti

סלון
elutuba

טפט
tapeet
תמונה
pilt
מנורה
lamp
מדף
riiul
ארון
kapp
טלוויזיה
televiisor
אח
kamin
פרח
lill
כרית
padi
ספה
diivan
אגרטל
vaas
שלט רחוק
kaugjuhtimispult

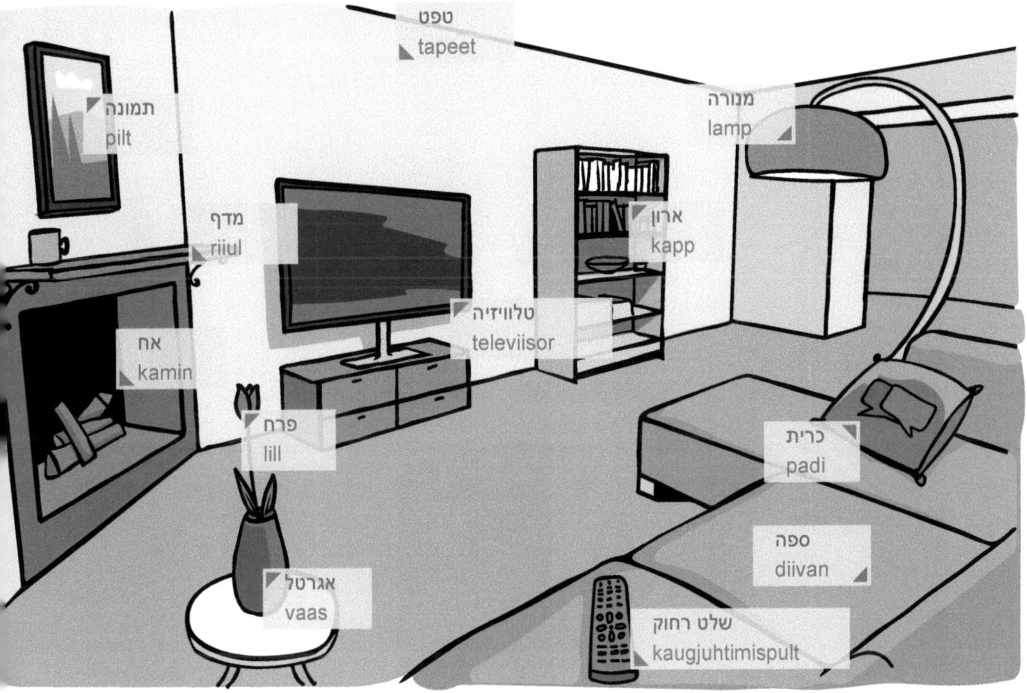

שטיח
vaip

וילון
kardin

שולחן
laud

כסא
tool

כיסא נדנדה
kiiktool

כורסה
tugitool

ספר

raamat

שמיכה

tekk

דקורציה

kaunistus

עצי הסקה

küttepuud

סרט

film

מערכת סטריאו

helisüsteem

מפתח

võti

עיתון

ajaleht

ציור

maal

פוסטר

plakat

רדיו

raadio

מחברת

märkmik

שואב אבק

tolmuimeja

קקטוס

kaktus

נר

küünal

מטבח
köök

מקרר
külmik
מיקרוגל
mikrolaineahi
köögikaal
טוסטר
röster
חומר ניקוי
pesuvahend
תנור
ahi
מקפיא
sügavkülmik
פח אשפה
prügikast
מדיח כלים
nõudepesumasin

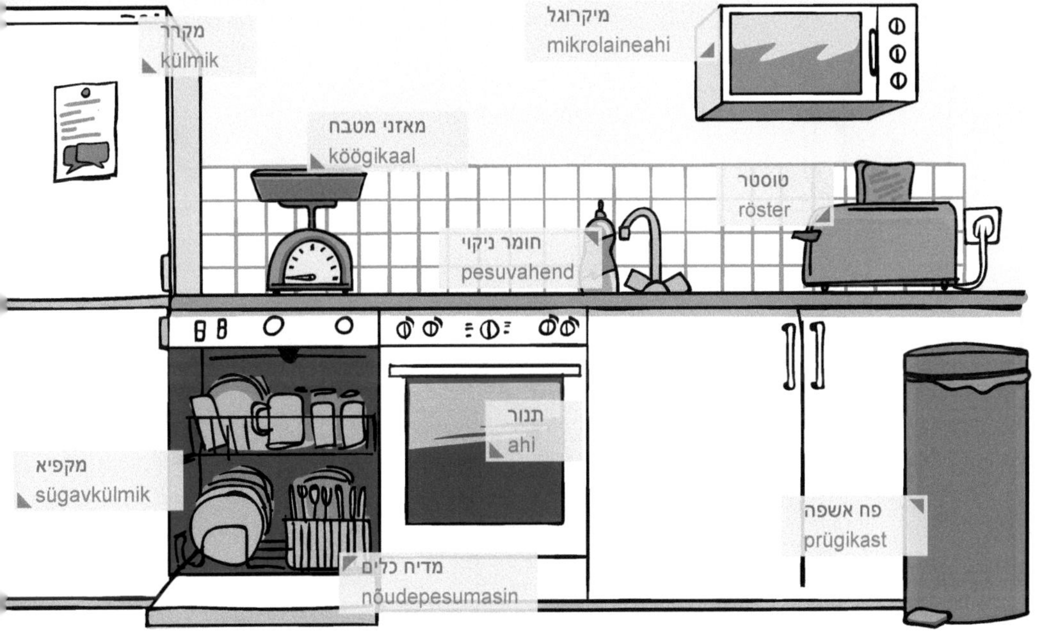

תנור
pliit

סיר
pott

סיר ברזל
malmpott

ווק
vokkpann

מחבת
pann

קומקום חשמלי
veekeetja

מאדה

aurutaja

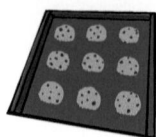

מגש אפייה

küpsetusplaat

כלי אוכל

lauanõud

ספל

kruus

קערה

kauss

צ'ופסטיקס

söögipulgad

מצקת

kulp

מרית

pannilabidas

מטרפה

vispel

מסננת בישול

kurn

מסננת

sõel

מגרדת

riiv

מכתש

uhmer

גריל

grill

מדורה

lahtine tuli

קרש חיתוך

lõikelaud

מערוך

tainarull

פותחן פקקים

korgitser

פחית

konservipurk

פותחן קופסאות

konserviavaja

מטלית

pajakinnas

כיור

kraanikauss

מברשת

hari

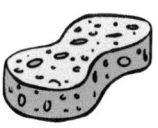

ספוג

pesukäsn

בלנדר

kannmikser

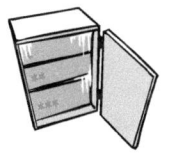

מקפיא

sügavkülmuti

בקבוק לתינוק

lutipudel

ברז

segisti

חדר אמבטיה

vannituba

חימום
küte
מגבת
käterätik
מקלחת
dušš
וילון מקלחת
dušikardin
אמבטיית קצף
mullivann
אמבטיה
vann
כוס
klaas
מכונת כביסה
pesumasin
ברז
segisti
אריחים
plaadid
סיר לילה
pissipott
כיור
kraanikauss

אסלה
WC-pott

אסלת כריעה
kükitamistualett

בידה
bidee

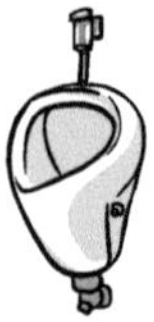

משתנה
pissuaar

נייר טואלט
tualettpaber

מברשת אסלה
WC-hari

מברשת שיניים

hambahari

משחת שיניים

hambapasta

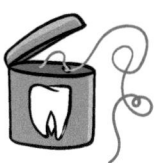

חוט דנטלי

hambaniit

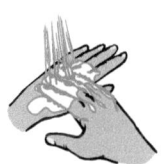

שטף

pesema

מקלחת יד

käsidušš

צינור שטיפה לשירותים

intiimdušš

קערת רחצה

pesukauss

מברשת גב

seljahari

סבון

seep

ג'ל רחצה

dušigeel

שמפו

šampoon

ליפה

vamm

ניקוז

äravool

קרם

kreem

דיאודורנט

deodorant

מראה

peegel

מראת יד

käsipeegel

סכין גילוח

habemenuga

קצף גילוח

raseerimisvaht

אפטרשייב

habemevesi

מסרק

kamm

מברשת

hari

מייבש שיעור

föön

ספריי לשיער

juukselakk

איפור

meigikomplekt

שפתון

huulepulk

לק

küünelakk

צמר גפן

vatt

מספריים לציפורניים

küünekäärid

בושם

parfüüm

תיק כלי רחצה

tualett-tarvete kott

שרפרף

taburet

משקל

kaal

חלוק רחצה

hommikumantel

כפפות גומי

kummikindad

טמפון

tampoon

תחבושת סניטרית

hügieeniside

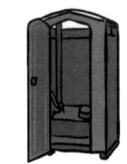

שירותים כימיקליים

keemiline tualett

חדר ילדים
lastetuba

שעון מעורר
äratuskell
צעצוע חיבוק
pehme mänguasi
מכונית צעצוע
mänguauto
רעשן
kõristi
בית בובות
nukumaja
מתנה
kingitus

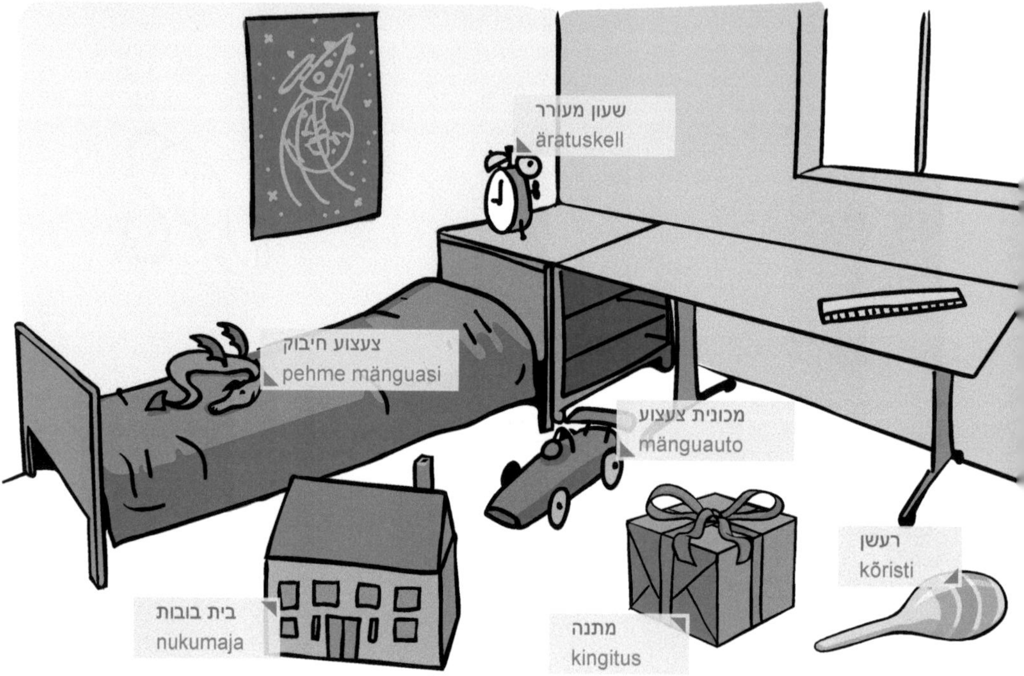

בלון
õhupall

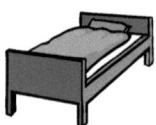

מיטה
voodi

עגלה
lapsevanker

משחק קלפים
kaardipakk

פאזל
pusle

קומיקס
koomiks

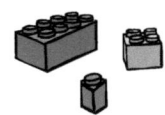

לגו

Lego klotsid

קוביות משחק

klotsid

דמות משחק

kujuke

סרבל תינוקות

siputuspüksid

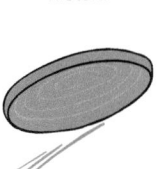

פריזבי

lendav taldrik

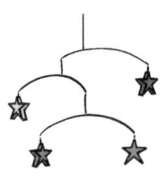

נייד

voodikarussell

משחק לוח

lauamäng

קוביה

täringud

רכבת צעצוע

mudelrong

מוצץ

lutt

מסיבה

pidu

אלבום תמונות

pildiraamat

כדור

pall

בובה

nukk

שיחק

mängima

ארגז חול

liivakast

נדנדה

kiik

צעצועים

mänguasjad

קונסולת משחקים

mängukonsool

אופניים תלת גלגלי

kolmerattaline jalgratas

דובון

mängukaru

ארון בגדים

riidekapp

בגדים

riietus

גרביים

sokid

גרביונים

sukad

גרביון

sukkpüksid

צעיף
sall

מטריה
vihmavari

חולצת טי
T-särk

חגורה
vöö

נעלי בית
sussid

מגפיים
saapad

נעלי ספורט
tossud

סנדלים
....
sandaalid

נעליים
....
jalatsid

מגפי גומי
....
kummikud

תחתונים
....
aluspüksid

חזייה
....
rinnahoidja

וסט
....
vest

גוף
bodi

מכנסיים
püksid

ג'ינס
teksapüksid

חצאית
seelik

חולצה מכופתרת
pluus

חולצה
särk

אפודה
sviiter

סווצ'ר עם קפוצ'ון
dressipluus

בלייזר
bleiser

ז'קט
jakk

מעיל
mantel

מעיל גשם
vihmamantel

תלבושת
kostüüm

שמלה
kleit

שמלת כלה
pulmakleit

חליפה
ülikond

כותונת לילה
öösärk

פיג'מה
pidžaama

סארי
sari

מטפחת ראש
pearätt

טורבן
turban

בורקה
burka

קאפטן
kaftan

עבאיה
abayah

בגד ים
ujumistrikoo

בגד ים
ujumispüksid

מכנסיים קצרים
lühikesed püksid

בגד אימון
dressid

סינר
põll

כפפות
kindad

כפתור

nööp

משקפיים

prillid

צמיד יד

käevõru

שרשרת

kaelakee

טבעת

sõrmus

עגיל

kõrvarõngas

כובע

nokamüts

קולב

riidepuu

כובע

kaabu

עניבה

lips

רוכסן

tõmblukk

קסדה

kiiver

כתפיות

traksid

תלבושת בית ספר

koolivorm

מדים

vormirõivad

מפית אוכל

pudipõll

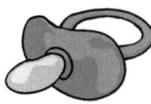

מוצץ

lutt

חיתול

mähe

משרד

kontor

שרת
server
תיקייה
arhiivikapp
מדפסת
printer
מסך
monitor
נייר
paber
עכבר
hiir
שולחן עבודה
kirjutuslaud
תיק
kaust
מקלדת
klaviatuur
כסא
tool
סל נייר
paberikorv
מחשב
arvuti

ספל קפה

kohvikruus

מחשבון

kalkulaator

אינטרנט

internet

מחשב נייד

sülearvuti

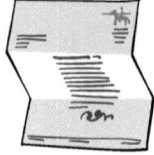

מכתב

kiri

הודעה

sõnum

נייד

mobiiltelefon

רשת

võrk

מכונת צילום

koopiamasin

תוכנה

tarkvara

טלפון

telefon

שקע

pistikupesa

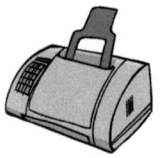

פקס

faksimasin

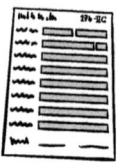

טופס

vorm

מסמך

dokument

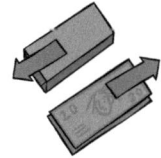

קנה

ostma

שילם

maksma

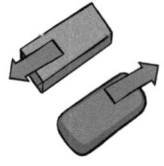

סחר

vahetama

כסף

raha

דולר

dollar

יורו

euro

ין

jeen

רובל

rubla

פרנק שווייצרי

Šveitsi frank

יואן רנמינבי

renminbi jüaan

רופי

ruupia

כספומט

sularahaautomaat

המרת מטבע

valuutavahetuspunkt

זהב

kuld

כסף

hõbe

נפט

nafta

אנרגיה

energia

מחיר

hind

חוזה

leping

מס

maks

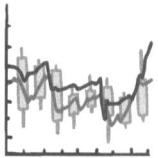

מנייה

aktsia

עבד

töötama

עובד

töötaja

מעסיק

tööandja

מפעל

tehas

חנות

kauplus

מקצועות
ametid

כבאי
tuletõrjuja
שוטר
politseinik
טבח
kokk
רופא
arst
טייס
piloot

גנן

aednik

נגר

puusepp

תופרת

õmbleja

שופט

kohtunik

כימאי

keemik

שחקן

näitleja

נהג אוטובוס

bussijuht

נהג מונית

taksojuht

דייג

kalamees

עובדת נקיון

koristaja

מתקן גגות

katusepaigaldaja

מלצר

kelner

צייד

jahimees

צייר

maaler

אופה

pagar

חשמלאי

elektrik

עובד בניין

ehitaja

מהנדס

insener

קצב

lihunik

אינסטלטור

torumees

דוור

postiljon

חייל

sõdur

אדריכל

arhitekt

קופאי

kassapidaja

מוכר פרחים

lillemüüja

ספר

juuksur

כרטיסן

piletikontrolör

מכונאי

mehaanik

קברניט

kapten

רופא שיניים

hambaarst

מדען

teadlane

רב

rabi

אימאם

imaam

נזיר

munk

כומר

preester

כלי עבודה
tööriistad

צבת
tangid
פטיש
haamer
מברג
kruvikeeraja
מפתח ברגים
mutrivõti
פנס
taskulamp

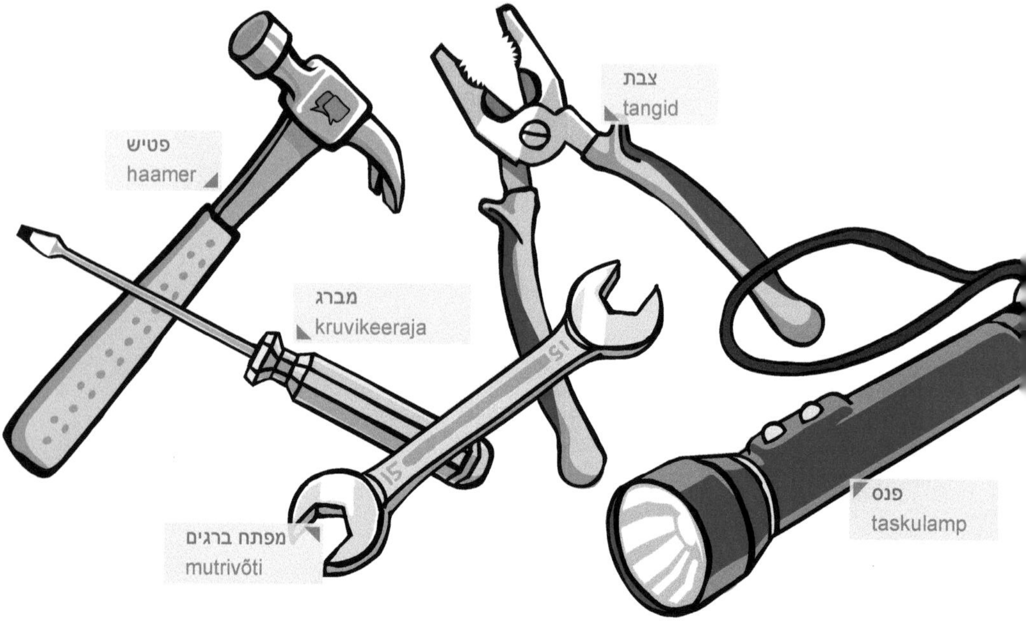

דחפור

ekskavaator

ארגז כלים

tööriistakast

סולם

redel

מסור

saag

מסמרים

naelad

מקדחה

trell

תיקון

parandama

את חפירה

labidas

לעזאזל!

Põrgusse!

יעה

kühvel

פח צבע

värvipott

ברגים

kruvid

כלי נגינה

pillid

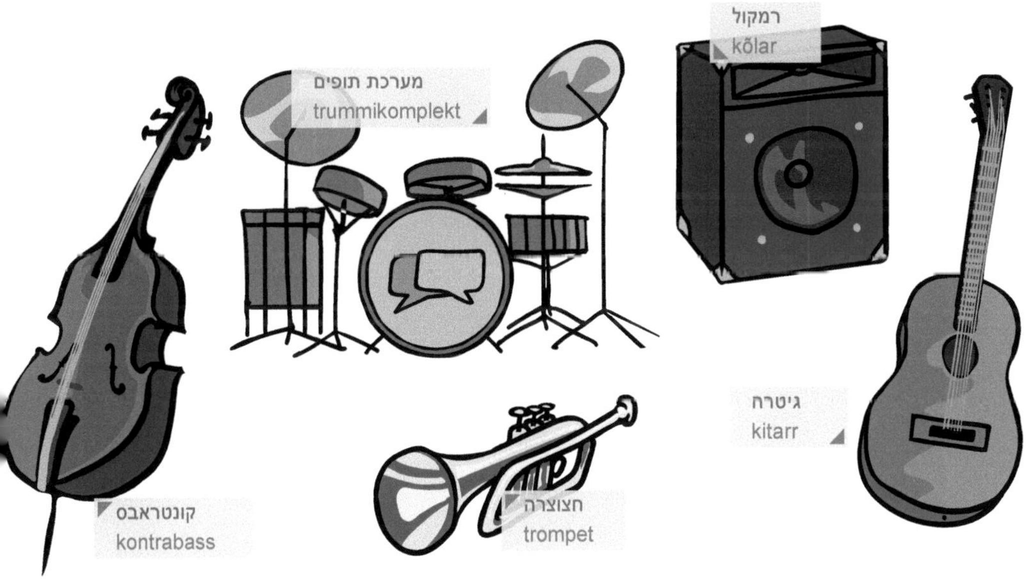

מערכת תופים
trummikomplekt

רמקול
kõlar

גיטרה
kitarr

קונטראבס
kontrabass

חצוצרה
trompet

פסנתר

klaver

כינור

viiul

בס

bass

תוף הדוד

timpan

תופים

trummid

מקלדת פסנתר

süntesaator

סקסופון

saksofon

חליל

flööt

מיקרופון

mikrofon

גן חיות
loomaaed

כניסה
sissepääs
נמר
tiiger
כלוב
puur
זברה
sebra
מזון לחיות
loomasööt
פנדה
panda

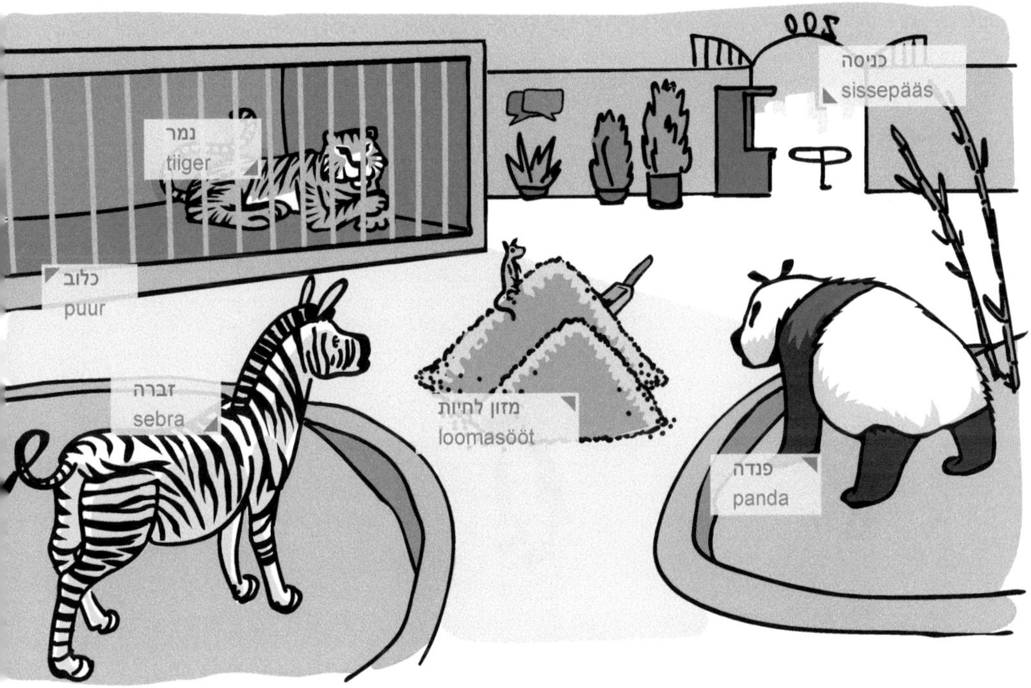

בעלי חיים

loomad

פיל

elevant

קנגרו

känguru

קרנף

ninasarvik

גורילה

gorilla

דוב

karu

גן חיות - loomaaed 59

גמל

kaamel

יען

jaanalind

אריה

lõvi

קוף

ahv

פלמינגו

flamingo

תוכי

papagoi

דוב הקרח

jääkaru

פינגווין

pingviin

כריש

hai

טווס

paabulind

נחש

madu

תנין

krokodill

שומר גן החיות

loomaaiatalitaja

כלב ים

hüljes

יגואר

jaaguar

סוס פוני

poni

לאופרד

leopard

היפופוטאם

jõehobu

ג'ירפה

kaelkirjak

נשר

kotkas

חזיר בר

metssiga

דג

kala

צב

kilpkonn

סוס ים

morsk

שועל

rebane

איילה

gasell

ספורט
sport

פוטבול אמריקאי
Ameerika jalgpall
רכיבת אופניים
jalgrattasõit
טניס
tennis
כדורסל
korvpall
שחיה
ujumine
אגרוף
poksimine
הוקי
jäähoki

כדורגל
jalgpall

בדמינטון
sulgpall

אתלטיקה
kergejõustik

כדור-יד
käsipall

עשה סקי
suusatamine

פולו
polo

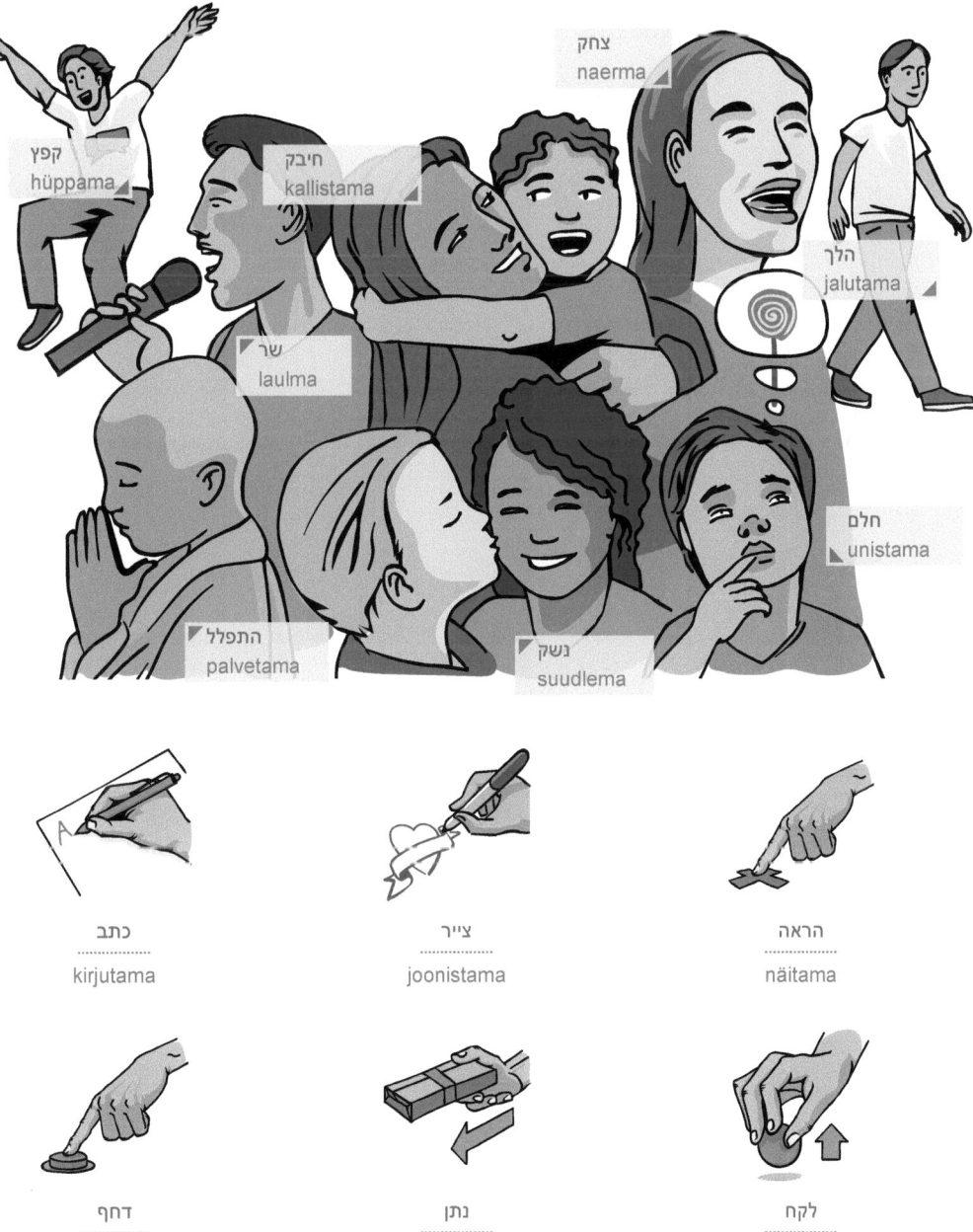

tegevused

צחק
naerma
קפץ
hüppama
חיבק
kallistama
הלך
jalutama
שר
laulma
חלם
unistama
התפלל
palvetama
נשק
suudlema

כתב
kirjutama

צייר
joonistama

הראה
näitama

דחף
lükkama

נתן
andma

לקח
võtma

יש / להיות הבעלים

omama

עשה

tegema

היה

olema

עמד

seisma

רץ

jooksma

משך

tõmbama

זרק

viskama

נפל

kukkuma

שכב

lamama

חיכה

ootama

סחב

kandma

ישב

istuma

התלבש

riidesse panema

ישן

magama

התעורר

ärkama

הסתכל ב-

vaatama

בכה

nutma

ליטף

paitama

סירק

kammima

דיבר

rääkima

הבין

aru saama

שאל

küsima

שמע

kuulama

שתה

jooma

אכל

sööma

סידר

korrastama

אהב

armastama

בישל

süüa tegema

נהג

sõitma

עף

lendama

שט
....
purjetama

חישב
....
arvutama

קרא
....
lugema

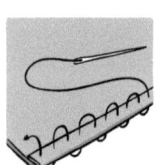

למד
....
õppima

עבד
....
töötama

התחתן
....
abielluma

תפר
....
õmblema

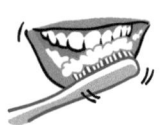

ציחצח שיניים
....
hambaid pesema

הרג
....
tapma

עישן
....
suitsetama

שלח
....
saatma

משפחה
perekond

סבתא
vanaema
סבא
vanaisa
אבא
isa
אימא
ema
תינוק
imik
בת
tütar
בן
poeg

אורח
....
külaline

דודה
....
tädi

דוד
....
onu

אח
....
vend

אחות
....
õde

גוף

keha

מצח
otsmik
עין
silm
כתף
õlg
אצבע
sõrm
פנים
nägu
סנטר
lõug
כף יד
käsi
רגל
jalg
חזה
rind
זרוע
käsivars

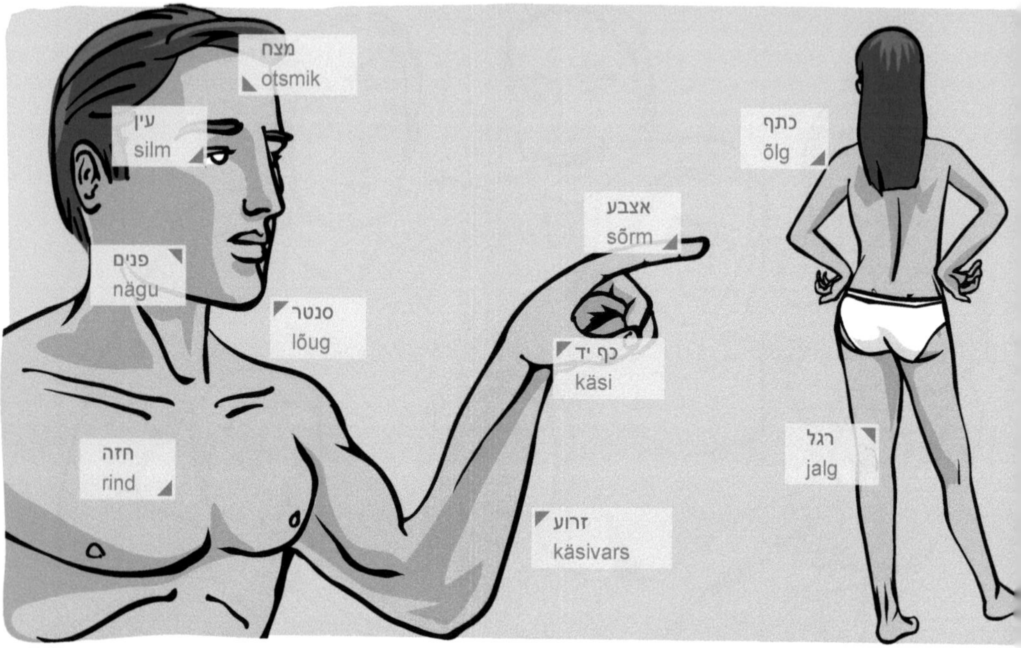

תינוק

imik

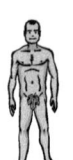

איש

mees

אישה

naine

ילדה

tüdruk

ילד

poiss

ראש

pea

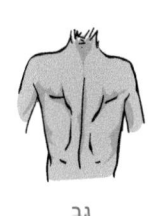

גב
selg

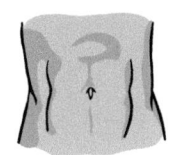

בטן
kõht

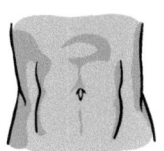

טבור
naba

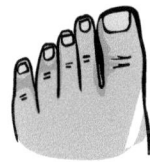

אצבע
varvas

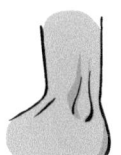

עקב
kand

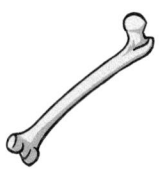

עצם
luu

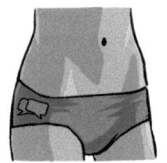

ירך
puus

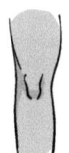

ברך
põlv

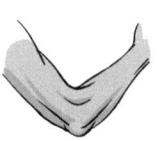

מרפק
küünarnukk

אף
nina

עכוז
tagumik

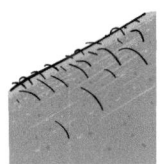

עור
nahk

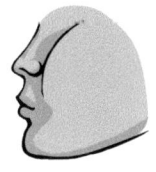

לחי
põsk

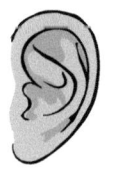

אוזן
kõrv

שפתיים
huuled

פה

suu

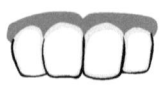

שן

hammas

לשון

keel

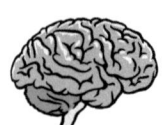

מוח

aju

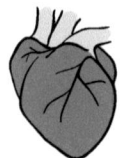

לב

süda

שריר

lihas

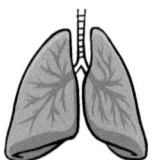

ריאה

kops

כבד

maks

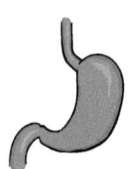

קיבה

magu

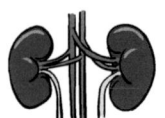

כליות

neerud

מין

seksuaalvahekord

קונדום

kondoom

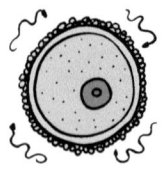

ביצית

munarakk

זרע

sperma

הריון

rasedus

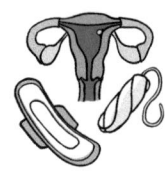

ווסת

menstruatsioon

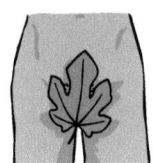

נרתיק

vagiina

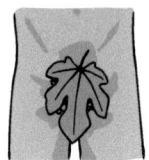

פין

peenis

גבה

kulm

שיער

juuksed

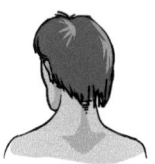

צוואר

kael

בית חולים
haigla

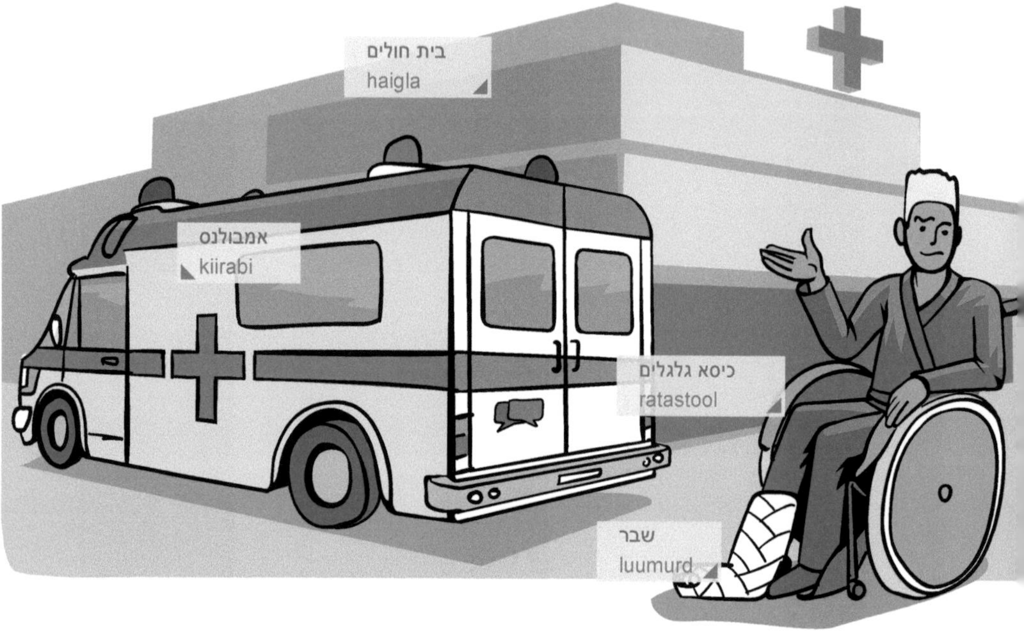

בית חולים
haigla
אמבולנס
kiirabi
כיסא גלגלים
ratastool
שבר
luumurd

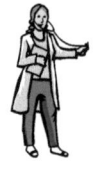

רופא

arst

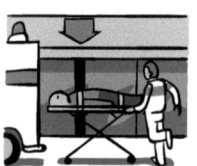

חדר מיון

traumapunkt

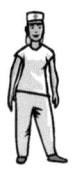

אחות

meditsiiniõde

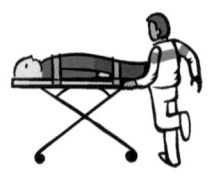

חירום

hädaolukord

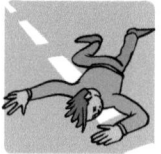

חסר הכרה

teadvuseta

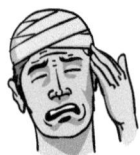

כאב

valu

פציעה

vigastus

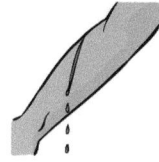

דימום

verejooks

התקף לב

südamerabandus

שבץ

insult

אלרגיה

allergia

שיעול

köha

חום

palavik

שפעת

gripp

שלשול

kõhulahtisus

כאב ראש

peavalu

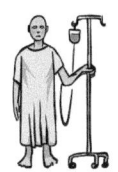

סרטן

vähk

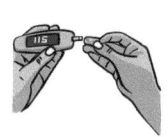

סוכרת

diabeet

מנתח

kirurg

אזמל

skalpell

ניתוח

operatsioon

סי-טי

KT

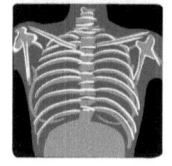

רנטגן

röntgen

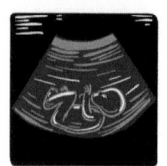

אולטרסאונד

ultraheli

מסיכת פנים

mask

מחלה

haigus

חדר המתנה

ooteruum

קבה

kark

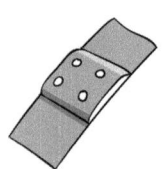

פלסטר

kips

תחבושת

side

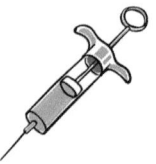

זריקה

süst

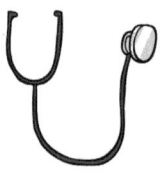

סטטוסקופ

stetoskoop

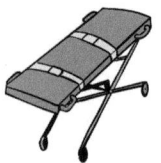

אלונקה

kanderaam

מד חום

kraadiklaas

לידה

sünd

עודף משקל

ülekaaluline

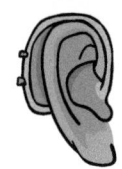

מכשיר שמיעה

kuuldeaparaat

מחטא

desinfektsioonivahend

זיהום

põletik

נגיף

viirus

איידס

HIV / AIDS

תרופה

meditsiin

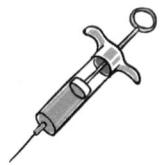

חיסון

vaktsineerimine

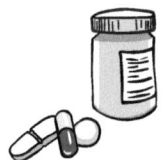

טבליות

tabletid

גלולה

pill

קריאת חירום

hädaabikõne

מד לחץ דם

vererõhuaparaat

חולה / בריא

haige / terve

חירום
hädaolukord

הצילו!

Appi!

אזעקה

häire

פשיטה

kallaletung

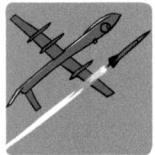

תקיפה

rünnak

סכנה

oht

יציאת חירום

avariiväljapääs

אש!

Tulekahju!

מטף כיבוי

tulekustuti

תאונה

õnnetus

ערכת עזרה ראשונה

esmaabikomplekt

הצילו!

SOS

משטרה

politsei

כדור הארץ
Maa

אירופה

Euroopa

צפון אמריקה

Põhja-Ameerika

דרום אמריקה

Lõuna-Ameerika

אפריקה

Aafrika

אסיה

Aasia

אוסטרליה

Austraalia

האוקיינוס האטלנטי

Atlandi ookean

האוקיינוס השקט

Vaikne ookean

האוקיינוס ההודי

India ookean

האוקיינוס האנטרקטי

Lõuna-Jäämeri

האוקיינוס הארקטי

Põhja-Jäämeri

הקוטב הצפוני

põhjapoolus

כדור הארץ

Maa

אנטארקטיקה

Antarktika

הקוטב הדרומי

lõunapoolus

אי

saar

ים

meri

אדמה

maismaa

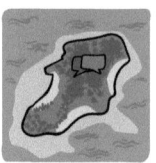

מדינה

riik

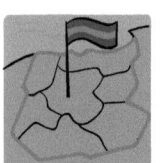

לאום

rahvus

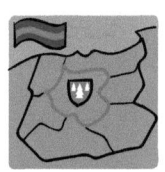

שעון
kell

פני השעון
....
sihverplaat

מחוג השעות
....
tunniosuti

מחוג הדקות
....
minutiosuti

מחוג השניות
....
sekundiosuti

מה השעה?
....
Mis kell on?

יום
....
päev

זמן
....
aeg

עכשיו
....
praegu

שעון דיגיטלי
....
digitaalne kell

דקה
....
minut

שעה
....
tund

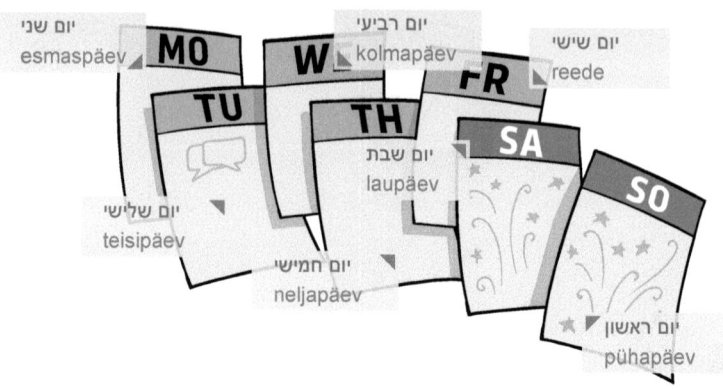

שבוע
nädal

יום שני
esmaspäev
MO
יום רביעי
kolmapäev
W
יום שישי
reede
FR
TU
TH
SA
SO
יום שבת
laupäev
יום שלישי
teisipäev
יום חמישי
neljapäev
יום ראשון
pühapäev

אתמול

eile

היום

täna

מחר

homme

בוקר

hommik

צהריים

lõuna

ערב

õhtu

ימי עבודה

tööpäevad

סוף שבוע

nädalavahetus

שנה

aasta

גשם
vihm
קשת בענן
vikerkaar
רוח
tuul
שלג
lumi
אביב
kevad
קיץ
suvi
סתיו
sügis
חורף
talv

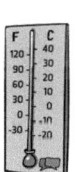

תחזית מזג האוויר

....

ilmaennustus

מד חום

....

termomeeter

אור שמש

....

päikesepaiste

ענן

....

pilv

ערפל

....

udu

לחות

....

niiskus

ברק
pikne

רעם
kõu

סערה
torm

ברד
rahe

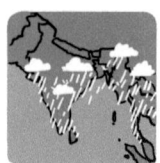

רוח עונתי
mussoon

שיטפון
üleujutus

קרח
jää

ינואר
jaanuar

פברואר
veebruar

מרץ
märts

אפריל
aprill

מאי
mai

יוני
juuni

יולי
juuli

אוגוסט
august

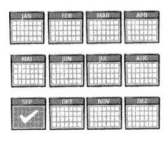

ספטמבר

september

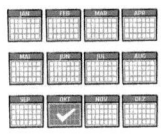

אוקטובר

oktoober

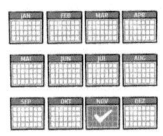

נובמבר

november

דצמבר

detsember

צורות

kujundid

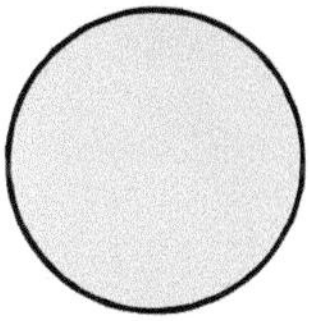

עיגול

ring

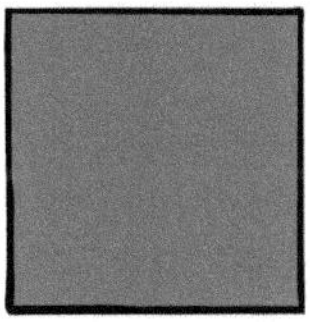

מרובע

ruut

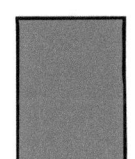

מלבן

nelinurk

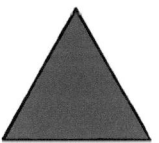

משולש

kolmnurk

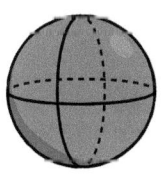

כדור

kera

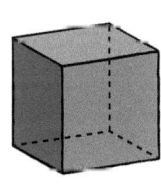

קובייה

kuup

צבעים
värvid

לבן

valge

צהוב

kollane

כתום

oranž

ורוד

roosa

אדום

punane

סגול

lilla

כחול

sinine

ירוק

roheline

חום

pruun

אפור

hall

שחור

must

הפכים
vastandid

יפה / מכוער
ilus / inetu

כועס / רגוע
vihane / rahulik

הרבה / מעט
palju / vähe

בהיר / כהה
hele / tume

גדול / קטן
suur / väike

התחלה / סוף
algus / lõpp

שלם / חלקי
täielik / puudulik

נקי / מלוכלך
puhas / must

אח / אחות
vend / õde

רחב / צר
lai / kitsas

מת / חי
surnud / elus

יום /לילה
päev / öö

אכיל / לא אכיל

söödav / mittesöödav

רשע / טוב לב

kuri / sõbralik

מתרגש / משועמם

põnevil / tüdinud

שמן / רזה

paks / peenike

ראשון / אחרון

esimene / viimane

חבר / אויב

sõber / vaenlane

מלא / ריק

täis / tühi

קשה / רך

kõva / pehme

כבד / קל

raske / kerge

רעב / צמא

nälg / janu

חולה / בריא

haige / terve

בלתי-חוקי / חוקי

ebaseaduslik / seaduslik

נבון / טיפש

tark / rumal

שמאל / ימין

vasak / parem

קרוב / רחוק

lähedal / kaugel

ווש / משומש

uus / kasutatud

כלום / משהו

mitte midagi / midagi

זקן / צעיר

vana / noor

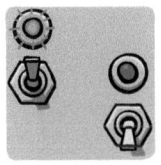

פעיל / כבוי

sees / väljas

פתוח / סגור

lahti / kinni

שקט / רועש

vaikne / vali

עשיר / עני

rikas / vaene

נכון / שגוי

õige / vale

מחוספס / חלק

kare / sile

עצוב / שמח

kurb / rõõmus

קצר / ארוך

lühike / pikk

איטי / מהיר

aeglane / kiire

רטוב / יבש

märg / kuiv

חם / קר

soe / jahe

מלחמה / שלום

sõda / rahu

מספרים
numbrid

0	1	2
אפס	אחת	שתיים
null	üks	kaks
3	4	5
שלוש	ארבע	חמש
kolm	neli	viis
6	7	8
שש	שבע	שמונה
kuus	seitse	kaheksa
9	10	11
תשע	עשר	אחת-עשרה
üheksa	kümme	üksteist

12
שתים-עשרה

kaksteist

13
שלוש-עשרה

kolmteist

14
ארבע-עשרה

neliteist

15
חמש-עשרה

viisteist

16
שש-עשרה

kuusteist

17
שבע-עשרה

seitseteist

18
שמונה-עשרה

kaheksateist

19
תשע-עשרה

üheksateist

20
עשרים

kakskümmend

100
מאה

sada

1.000
אלף

tuhat

1.000.000
מיליון

miljon

אנגלית

inglise

אנגלית אמריקאית

Ameerika inglise

סינית מנדרינית

mandariini

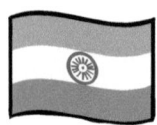

הודית

hindi

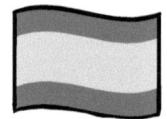

ספרדית

hispaania

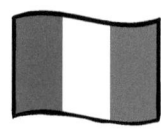

צרפתית

prantsuse

ערבית

araabia

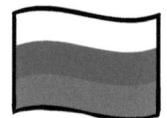

רוסית

vene

פורטוגזית

portugali

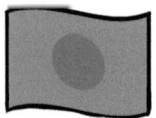

בנגלית

bengali

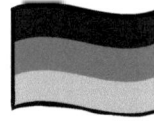

גרמנית

saksa

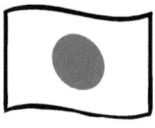

יפנית

jaapani

מי / מה / איך
kes / mis / kuidas

אני

mina

אתה / את

sina

הוא / היא / זה

tema

אנחנו

meie

אתם

teie

הם

nemad

?מי

kes?

?מה

mis?

?איך

kuidas?

?איפה

kus?

?מתי

millal?

שם

nimi

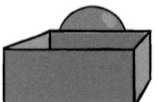

מאחור

taga

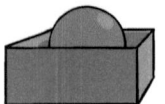

בתוך

sees

לפני

ees

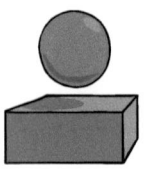

מעל

kohal

על

peal

מתחת

all

ליד

kõrval

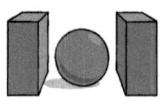

בין

vahel

מקום

koht